W0318052

HAVANITA

HAVANITA Café

UN APÉRO À CUBA

COCKTAILS & FINGER FOOD

photographies de Stéphane Bahic
stylisme d'Élodie Rambaud

LES PETITS PLATS
MARABOUT
ORIGINAUX & AUTHENTIQUES
DEPUIS L'AN 2000

SOMMAIRE

COCKTAILS

FINGER FOOD

PLATS TYPIQUES

DESSERTS

RÉUSSIR UN COCKTAIL CUBAIN

MATÉRIEL DE BASE

L'équipement joue un rôle important dans la réussite des cocktails. Si les mojitos ne demandent qu'un simple pilon, impossible de faire un smoothie sans un mixeur…

SHAKER
Pour ceux qui aiment les cocktails avec un goût frais, mais sans avoir de glace pilée dans la bouche.

MIXEUR OU BLENDER
L'un et l'autre vont vous permettre d'obtenir une texture très onctueuse, là aussi sans glace en bouche.

PILON
Choisissez-le de préférence en bois. C'est en écrasant les feuilles de menthe, le citron vert, etc., que vous dégagerez les puissants arômes de chacun.

GRANDE CUILLÈRE
Une cuillère à moka (ou une cuillère à soupe) permettra de mélanger les composants préalablement écrasés.

VERRES DE TAILLES DIFFÉRENTES
Pour un cocktail au shaker, vous utiliserez des petits verres ; à base de glace pilée (comme les mojitos), des verres de taille moyenne, plus adaptés pour contenir la bonne quantité de glace ; au mixeur, de grands verres.

INGRÉDIENTS ET DOSAGE

Il faut veiller à utiliser des ingrédients de très bonne qualité (rhum, citron vert, différents types de jus, crème de coco, menthe…) afin que votre cocktail soit riche en goût. Mais la clé d'un cocktail réussi, où tous les arômes pourront s'exprimer, réside dans le bon dosage des différents composants.

L'ALCOOL

Dans les cocktails cubains, une place importante est dévolue au rhum. Pour l'apéritif, on servira de préférence des cocktails à base de rhum blanc. Ceux qui contiennent du rhum brun se dégustent après le repas ou pour agrémenter la fin de la soirée. Mais quel que soit le type de rhum, il faut absolument respecter le dosage : 4 cl. Si on en met plus, l'alcool risque de prendre le pas sur les autres goûts.

LES FRUITS

Choisissez-les variés, bien frais et parfumés.

LA GLACE

En fonction du type de cocktail, on utilise de la glace pilée (pour les mojitos) ou des glaçons (pour les smoothies). Pour obtenir de la glace pilée, envelopper quelques morceaux de glace dans un torchon et les frapper avec le dos d'une cuillère à soupe.

ASTUCES ET CONSEILS

LE MOJITO

Dans le mojito et ses variantes, il est important de prendre le temps de bien piler les différents ingrédients dans le verre. Tous les composants se mélangent pour donner un arôme puissant, encore rehaussé par l'alcool versé dessus.

LE COCKTAIL AU SHAKER (TYPE DAIQUIRI)

Il ne faut pas mettre trop de glace dans un cocktail au shaker sous peine que les saveurs soient trop diluées.

LE SMOOTHIE

Même règle que précédemment : plus il y aura de glace, plus le cocktail sera aqueux. Par ailleurs, selon le nombre de glaçons utilisés, la texture de votre smoothie sera modifiée. Faites des expériences pour vous approprier la recette et trouver l'équilibre texture/goût qui vous convient le mieux.

DÉCO

Pour obtenir le maximum d'effet visuel, il est impératif de respecter l'ordre des ingrédients (pour le zombie par exemple). Soigner la présentation du cocktail en décorant les verres avec des tranches de fruit. Utiliser des pailles colorées pour rester dans l'esprit de découverte et d'évasion suggéré par les noms des cocktails cubains.

MOJITO

La légende dit que la première version de cette boisson fut préparée par le pirate anglais Francis Drake avec des feuilles de menthe et du tafia (eau-de-vie de canne à sucre). À l'époque, la boisson s'appelait « El Draque » en allusion au pirate. La recette originale évolua. Le tafia fut remplacé par le rhum et le citron vert vint agrémenter le mélange. Ainsi naquit le Mojito, qui tire son nom de « Mojo » signifiant mixture à base de citron.

POUR 1 VERRE
4 cl de rhum blanc
1 cuillerée à soupe de sucre de canne
4 ou 5 dés de citron vert
6 feuilles de menthe + 1 brin pour la déco
Eau gazeuse
Glace pilée
Angostura

1. Écraser les feuilles de menthe dans un verre long avec les dés de citron et le sucre à l'aide d'un pilon.

2. Remplir le verre de glace pilée puis verser le rhum, bien mélanger avec une cuillère pour que le rhum fasse fondre un peu la glace. Allonger avec l'eau gazeuse. Ajouter une pointe d'Angostura.

3. Décorer avec un brin de menthe.

MOJITO CHAMPAGNE

POUR 1 VERRE
4 cl de rhum blanc
1 cuillerée à soupe de sucre de canne
4 dés de citron vert
6 feuilles de menthe + 1 brin pour la déco
Champagne
Glace pilée

1. Dans un verre long, écraser délicatement les feuilles de menthe, le sucre et les dés de citron à l'aide d'un pilon (sans casser les feuilles).

2. Ajouter de la glace pilée et le rhum. Mélanger bien avec une cuillère, le temps que le rhum fasse fondre un peu la glace, et allonger au champagne.

3. Décorer avec un brin de menthe.

MOJITO FRAISE

POUR 1 VERRE
4 cl de rhum blanc
1 cuillerée à soupe de sucre de canne
4 dés de citron vert
6 feuilles de menthe + 1 brin pour la déco
4 fraises
Eau gazeuse
Glace pilée

1. À l'aide d'un pilon, écraser dans un verre long les feuilles de menthe, le sucre, les dés de citron et les fraises.

2. Remplir le verre de glace pilée et ajouter le rhum. Compléter avec de l'eau gazeuse. Mélanger légèrement et servir.

3. Décorer avec un brin de menthe.

DAIQUIRI

POUR 1 VERRE
4 cl de rhum
2 cl de jus de citron vert
4 cl de sucre de canne liquide
4 ou 5 glaçons, en fonction
de la texture recherchée
1 rondelle de citron
vert pour la déco

1. Mélanger les ingrédients au mixeur pour un daiquiri « frozen » ou dans un shaker pour la version classique.

2. Secouer vivement et servir dans un verre de taille moyenne.

3. Décorer avec une rondelle de citron vert.

VERSION "FROZEN"

Quand on passe tous les ingrédients du daiquiri au mixeur, il ne reste plus de morceaux de glace dans le cocktail mais le goût en bouche est glacé d'où son nom de « frozen ».

DAIQUIRI FRAISE

POUR 1 VERRE
4 cl de rhum
2 cl de jus de citron
4 cl de sucre de canne liquide
4 fraises
4 ou 5 glaçons, en fonction de la texture recherchée
1 rondelle de citron vert pour la déco

1. Mélanger les ingrédients dans un mixeur avec les glaçons.

2. Servir dans un verre de taille moyenne

3. Décorer avec une rondelle de citron vert.

DAIQUIRI MARACUJA

POUR 1 VERRE
4 cl de rhum
2 cl de jus de citron jaune
4 cl de sucre de canne liquide
2 fruits de la Passion
4 ou 5 glaçons, en fonction de la texture recherchée

1. Couper les fruits de la Passion en deux et récupérer la pulpe.

2. Mixer les ingrédients dans un mixeur avec les glaçons. Servir dans un verre de taille moyenne.

CUBA LIBRE

À l'origine, le cocktail se préparait en versant du Coca-Cola® sur du rhum. Cette appellation daterait de 1900, année de la perte de Cuba par les Espagnols au profit des Américains. Selon la légende, un soldat américain ayant commandé ce cocktail, porta un toast en disant : « por Cuba Libre » (pour le Cuba libre). La préparation du cocktail fut modifiée, au fil du temps, par les barmen cubains. Le rhum est désormais versé par-dessus le Coca-Cola® en signe de l'identité nationale castriste et pour montrer que Cuba ne se laisse pas dominer par les Américains.

POUR 1 VERRE
4 cl de rhum blanc
3 dés de citron vert
Coca-Cola®
5 ou 6 glaçons

1. Déposer les glaçons dans un verre de taille moyenne. Presser les dés de citron vert.

2. Verser le Coca-Cola® aux trois quarts du verre et ajouter le rhum.

HEMINGWAY

POUR 1 VERRE
4 cl de rhum blanc
2 cuillerées à café de jus de pamplemousse
1 cuillerée à café de triple sec
4 ou 5 glaçons
1 tranche de pamplemousse pour la déco

1. Mélanger les ingrédients dans un shaker. Secouer vivement et verser dans un verre de taille moyenne.

2. Décorer avec une tranche de pamplemousse.

CUBATA

POUR 1 VERRE
4 cl de rhum brun
2 dés de citron vert
Coca-Cola®
5 ou 6 glaçons

1. Dans un verre long, déposer les glaçons et presser le citron à la main.

2. Verser le rhum, puis ajouter le Coca-Cola®.

PINA COLADA

POUR 1 VERRE
4 cl de rhum blanc
2 cl de crème de coco (épicerie exotique ou rayon cuisine du monde des supermarchés)
6 cl de jus d'ananas
6 glaçons

1. Verser tous les ingrédients dans un mixeur, y compris les glaçons. Mixer le tout.

2. Servir dans un verre « ballon ».

3. Décorer avec une tranche d'ananas.

COCO LOCO

POUR 1 VERRE
2 cl de crème de coco (épicerie exotique ou rayon cuisine du monde des supermarchés)
6 cl de jus d'ananas
6 glaçons

1. Verser tous les ingrédients dans un mixeur, y compris les glaçons. Mixer le tout.

2. Servir dans un verre « ballon ».

3. Décorer avec une tranche d'ananas.

amelia pelaez
UMENTAL CUBANO EN COLORES
DIRECCION: JUAN C. TABIO

MULATA

POUR 1 VERRE

4 cl de rhum blanc
4 cl de crème de cacao (liqueur de cacao, dans les supermarchés)
2 cl de jus de citron vert
2 cl de sucre de canne liquide

1. Mélanger les ingrédients dans un mixeur avec les glaçons.

2. Verser dans un verre de taille moyenne et décorer avec une rondelle de citron vert.

PUNCH COCO

POUR 1 VERRE

4 cl de rhum blanc
6 cl de crème de coco (épicerie exotique ou rayon cuisine du monde des supermarchés)
6 cl de crème fraîche
Cannelle moulue

1. Mélanger la crème de coco et la crème fraîche avec quelques glaçons au mixeur pour obtenir une texture épaisse.

2. Verser le rhum dans un verre de taille moyenne.

3. Verser ensuite la crème mixée et mélanger avec une petite cuillère. Saupoudrer de cannelle à convenance.

ZOMBIE

POUR 1 VERRE
4 cl de rhum blanc
3 cl de rhum ambré
3 cl de jus d'ananas
3 cl de jus d'orange ou d'un autre fruit exotique
1 cl de sirop de grenadine
Glaçons

1. Frapper le rhum et les jus de fruits dans un shaker avec des glaçons.

2. Verser dans un verre court et ajouter le sirop de grenadine (on peut s'amuser à réaliser des petits dessins décoratifs avec le sirop)

3. Décorer éventuellement avec un fruit.

BLUE HAWAÏEN

POUR 1 VERRE
4 cl de rhum
2 cl de curaçao bleu
2 cl de crème de coco (épicerie exotique ou rayon cuisine du monde des supermarchés)
6 cl de jus d'ananas frais
6 glaçons
1 tranche d'ananas pour la déco

1. Mélanger tous les ingrédients au mixeur avec quelques glaçons, pour obtenir une texture crémeuse.

2. Servir dans un verre ballon. Décorer avec une tranche d'ananas.

soins hydra

SMOOTHIE VARADERO

POUR 1 VERRE

1½ banane
5 fraises
¼ d'ananas + 1 tranche pour la déco
2 cl de sucre de canne liquide
4 ou 5 glaçons, en fonction de la texture recherchée

1. Peler la banane et l'ananas. Mettre les ingrédients avec les glaçons dans un blinder.

2. Mixer pendant 30 secondes environ et servir dans un verre long.

3. Décorer avec un tranche d'ananas.

SMOOTHIE PRESIDENTE

POUR 1 VERRE
1½ banane
2 fruits de la Passion
6 cl de crème de coco (épicerie exotique ou rayon cuisine du monde des supermarchés)
4 ou 5 glaçons, en fonction de la texture recherchée
1 tranche d'ananas pour la déco

1. Peler la banane et couper les fruits de la Passion en deux. Récupérer la chair à l'aide d'une cuillère et la mettre dans le mixeur avec les autres ingrédients.

2. Mixer pendant 30 secondes environ et servir dans un verre long.

3. Décorer avec une tranche d'ananas.

POUR 6 PERSONNES – PRÉPARATION 10 MINUTES – CUISSON 10 MINUTES ENVIRON

BANANES PLANTAIN
FRITES

INGRÉDIENTS

6 bananes plantain mûres
Huile de friture (arachide ou tournesol)
Sel (facultatif)

1. Éplucher les bananes et les couper en rondelles ou en biais.

2. Dans une poêle, faire chauffer l'huile. Y tremper les bananes et les faire frire pendant 10 minutes environ, en les retournant régulièrement pour les dorer de tous les côtés. Les retirer au fur et à mesure à l'aide d'une écumoire et les égoutter sur du papier absorbant.

3. Saupoudrer avec 1 pincée de sel et servir sans attendre, avec du poulet par exemple.

POUR 6 PERSONNES – PRÉPARATION 15 MINUTES – CUISSON 45MINUTES

BOUDINS NOIRS
ET CHUTNEY DE POMMES

INGRÉDIENTS
12 petits boudins
1 noisette de beurre
500 g de pommes
1 échalote
80 g de cassonade
50 ml de vinaigre de cidre
50 ml de jus d'orange
2 cuillerées à café
de gingembre frais râpé
Sel, poivre

LE CHUTNEY

1. Éplucher l'échalote et l'émincer finement. Peler les pommes, les épépiner et les couper en petits dés.

2. Dans une casserole, mettre les pommes, l'échalote, la cassonade, le vinaigre de cidre, le jus d'orange et le gingembre râpé. Saler et poivrer. Porter à ébullition et laisser cuire 40 minutes à feu doux. Remuer régulièrement. Le chutney doit épaissir et prendre la consistance d'une marmelade.

LES BOUDINS

1. Faire revenir légèrement les boudins, à feu doux, dans une poêle avec une noisette de beurre.

2. Servir les boudins chauds avec le chutney à part, dans un ramequin.

POUR 4 PERSONNES – PRÉPARATION 35 MINUTES – REPOS 30 MMINUTES – CUISSON 15 MINUTES

BEIGNETS DE GAMBAS

INGRÉDIENTS

Une douzaine de gambas
1 œuf
100 g de farine
1 cuillerée à soupe d'huile
10 cl de lait
1 pincée de sel
1 pincée de gingembre
moulu ou de piment

1. Dans un saladier, mélanger l'œuf, la farine, le sel, le gingembre et l'huile. Ajouter progressivement le lait. Laisser la pâte reposer 30 minutes.

2. Pendant ce temps, porter une casserole d'eau à ébullition et y plonger les gambas pour 5 minutes environ. Les égoutter et les décortiquer en prenant soin de laisser la queue.

3. Faire chauffer de l'huile dans une poêle ou une friteuse. Tremper les gambas dans la pâte à beignets et les faire dorer 5 minutes environ. Les retirer à l'aide d'une écumoire et les égoutter sur du papier absorbant. Accompagner d'une sauce aïoli.

POUR 4 PERSONNES – PRÉPARATION 10 MINUTES – CUISSON 50 MINUTES ENVIRON

CHIPS DE MANIOC
ET CAVIAR D'AUBERGINES

LES CHIPS

1 racine de manioc (épicerie exotique : chinoise, africaine…)
Huile pour la friture
Sel (facultatif)

LE CAVIAR D'AUBERGINES

2 aubergines
1 gousse d'ail
3 cuillerées à soupe d'huile d'olive
1 petit bouquet de basilic
Sel, poivre

LES CHIPS

1. Éplucher le manioc, le couper en rondelles très fines.

2. Faire chauffer de l'huile dans une poêle. Faire frire les rondelles de manioc. Les retirer à l'aide d'une écumoire et les égoutter sur du papier absorbant.

3. Saler selon le goût.

LE CAVIAR D'AUBERGINE

1. Disposer les aubergines sur une grille et faire cuire 40 minutes environ au four à 180 °C.

2. Lorsque les aubergines sont cuites, les couper en deux et récupérer leur chair.

3. Dans un saladier, mélanger la pulpe d'aubergines, l'huile d'olive, l'ail (pressé ou haché) et le basilic ciselé. Bien écraser avec le dos d'une fourchette. Saler et poivrer. Laisser le caviar d'aubergines reposer au réfrigérateur jusqu'au moment de servir avec les chips de manioc.

POUR 14-16 BOULETTES – PRÉPARATION 2 H 15 – REPOS 2 HEURES – CUISSON 25 MINUTES

BOULETTES DE MANIOC

INGRÉDIENTS

500 g de manioc (épicerie exotique : chinoise, africaine…)
2 cuillerées à soupe de beurre fondu
4 cuillerées à soupe de lait
250 g de cheddar coupé en dés
Un peu de farine
Huile de friture
Sel

LA PÂTE

1. Éplucher le manioc et le faire bouillir dans de l'eau avec 1 cuillerée à café de sel jusqu'à ce qu'il s'écrase facilement entre les doigts.

2. Dans un bol, écraser bien le manioc jusqu'à l'obtention d'une pâte sans grumeau. Incorporer le beurre et le lait, bien mélanger, saler selon le goût.

LES BOULETTES

1. Enduire les mains de farine afin d'éviter que les boulettes ne collent aux doigts. Déposer 2 cuillerées à soupe de pâte dans la paume des mains et l'aplatir. Placer 1 cuillerée à café de dés de fromage au centre. Façonner le tout en petite boule de la taille d'une grosse noix.

2. Laisser reposer les boulettes au réfrigérateur pendant 2 heures. Au moment de les frire, les saupoudrer de farine et les secouer légèrement pour en retirer l'excès.

3. Faire chauffer de l'huile dans une poêle. Y faire frire les boulettes jusqu'à ce qu'elles dorent de tous les côtés. Les retirer au fur et à mesure à l'aide d'une écumoire et les égoutter sur du papier absorbant. Servir chaud.

CUBANO
BERNAZA

POUR 6 PERSONNES – PRÉPARATION 30 MINUTES – CUISSON 30 MINUTES

BOULETTES DE MAQUEREAU

INGRÉDIENTS

1 kg de maquereau
2 œufs
De la mie de pain
1oignon
2 gousses d'ail
3 cuillerées à café de ciboulette
1 bouquet de persil plat
½ cuillerée à café de paprika
Huile d'olive pour la friture
Sel, poivre

LA PÂTE

1. Rincer le poisson, le mettre dans une casserole et le couvrir d'eau froide. Faire chauffer à feu moyen sans laisser bouillir. Laisser frémir 5 minutes environ.

2. Égoutter ensuite le poisson, retirer la peau et toutes les arêtes. Émietter la chair avec une fourchette.

3. Piler dans un mortier (ou passer au hachoir) la ciboulette, le persil et l'ail. Mélanger avec le poisson pour en faire une pâte. Y incorporer la chapelure et les œufs légèrement battus. Ajouter une pincée de paprika. Saler, poivrer. Bien mélanger pour former une pâte homogène.

LES BOULETTES

1. Humidifier vos mains afin de pouvoir façonner plus facilement la pâte en petites boulettes de la grosseur d'une noix.

2. Dans une grande poêle, faire chauffer suffisamment d'huile pour qu'elles soient bien recouvertes.

3. Faire frire les boulettes 5 à 6 minutes, jusqu'à ce qu'elles dorent de toutes parts. Les retirer au fur et à mesure à l'aide d'une écumoire et les égoutter sur du papier absorbant. Décorer avec quelques tranches de citron.

POUR 6 PERSONNES – PRÉPARATION 15 À 20 MINUTES – REPOS 30 MINUTES

MILLEFEUILLES DE CRABE
À LA MANGUE

LE MILLEFEUILLE

2 mangues mûres à point
300 g de chair de crabe
(l'équivalent de 2 tourteaux frais)
quelques gouttes de
vinaifre balsamique

LA MARINADE

1 cuillerée à café de vinaigre balsamique
1 cuillerée à café de vinaigre de xérès
1 cuillerée à café de vinaigre de cidre
1 cuillerée à café d'huile de noix
1 cuillerée à café d'huile d'olive
1 cuillerée à café de moutarde
2 échalotes
Quelques feuilles de basilic
Sel, poivre

LA MARINADE

1. Préparer une vinaigrette avec 1 cuillerée à café de moutarde, les huiles d'olive et de noix, les vinaigres, sel et poivre.

2. Émincer les échalotes. Ciseler finement le basilic. Ajouter à la vinaigrette.

3. Éplucher les mangues et les tailler en fines tranches. Couper la chair en petits dés.

4. Placer les dés de mangue dans un bol et verser par-dessus la vinaigrette. Laisser mariner 30 minutes au frais.

LE MONTAGE

1. Au moment de servir, disposer un peu de la préparation à la mangue au centre de l'assiette à l'aide d'un cercle. Recouvrir avec de la chair de crabe. Tasser l'ensemble avec le dos d'une cuillère.

2. Déposer une nouvelle couche de préparation à la mangue par-dessus. Terminer par une couche de crabe, en veillant à bien tasser de nouveau. Retirer le cercle.

3. Décorer le sommet du millefeuille avec une feuille de basilic. Verser quelques gouttes de vinaigre balsamique autour.

POUR 4 PERSONNES – PRÉPARATION 30 MINUTES – CUISSON 1 H 10

ACRAS DE MORUE
ET ROUGAIL DE TOMATES

LES ACRAS

100 g de morue dessalée
2 oignons
1 gousse d'ail
100 g de farine
10 cl de lait
1 œuf
1 citron
1 cuillerée à soupe de persil
1 piment oiseau
½ sachet de levure chimique
Huile de friture
Sel, poivre

LE ROUGAIL

4 oignons
5 belles tomates
4 poivrons rouges
1 petite boîte de concentré de tomate
1 petit morceau de gingembre frais
1 piment oiseau (ou ¼ de cuillerée à café de piment de Cayenne)
3 gousses d'ail
3 cuillerées à soupe d'huile d'olive
Sel, poivre

LES ACRAS

1. Mettre la morue dans une casserole remplie d'eau et porter à ébullition. Laisser cuire 8 à 10 minutes.

2. Égoutter à nouveau. Effilocher la chair de la morue en veillant à bien retirer toutes les arêtes. L'écraser en purée à l'aide d'une fourchette.

3. Passer au hachoir les oignons et l'ail. Ajouter le piment. Hacher finement le persil. Ajouter le tout à la morue. Mélanger bien. Ajouter le jus du citron. Saler et poivrer. Ajouter la farine et la levure. Bien mélanger puis ajouter l'œuf et le lait. Mélanger l'ensemble et laisser reposer 10 à 15 minutes.

LA FRITURE

1. Faire chauffer l'huile. À l'aide de deux cuillères à café, former des petites boules de pâte et les déposer directement dans l'huile bouillante.

2. Faire dorer les accras par petites quantités, en les retournant régulièrement. Les retirer au fur et à mesure à l'aide d'une écumoire, les égoutter sur du papier absorbant et servir chaud.

LA SAUCE ROUGAIL

1. Épépiner les tomates et les couper en petits dés. Couper les oignons en lamelles et les poivrons en dés. Presser l'ail. Réserver le tout.

2. Dans une casserole, faire chauffer l'huile. Faire revenir les oignons pendant 2 minutes environ, jusqu'à ce qu'ils deviennent translucides.

3. Ajouter le reste des ingrédients. Saler, poivrer, verser un verre d'eau.

4. Laisser cuire 1 heure à feu doux. Servir chaud.

POUR 6 PERSONNES – PRÉPARATION 10 MINUTES – CUISSON 10 MINUTES

FÉROCE D'AVOCATS

INGRÉDIENTS

80 g de morue dessalée
3 avocats mûrs à point
1 citron vert
1 gousse d'ail
2 échalotes
½ piment rouge (ou selon le goût)
2 cuillerées à soupe d'huile
Poivre

1. Ouvrir le piment avec la pointe d'un couteau pour l'épépiner. En hacher la moitié. Peler l'ail et les échalotes ; les hacher également. Réserver.

2. Faire cuire la morue à la vapeur pendant 10 minutes environ jusqu'à ce qu'elle s'émiette facilement.

3. Ouvrir les avocats en deux. Retirer la chair à l'aide d'une cuillère et l'écraser en fine purée. Ajouter l'ail et l'échalote hachés, l'huile et le piment à la purée d'avocats. Bien mélanger.

4. Ajouter la morue émiettée. Mélanger de nouveau, poivrer.

5. Au moment de servir, couper le citron en deux, le presser sur la préparation et mélanger.

POUR 3 PERSONNES – PRÉPARATION 15 MINUTES – REPOS 1 HEURE

CEVICHE DE DORADE
AU LAIT DE COCO

INGRÉDIENTS

3 filets de dorade fraîche
(150 g environ chacun)
2 citrons verts
1 citron jaune
2 oignons rouges
6 tomates cerise
6 radis rouges
Quelques brins de coriandre fraîche
2 cuillerées à soupe de lait de coco
Sel, poivre

LA MARINADE

1. Détailler les filets de dorade en petits dés. Les mettre dans un saladier et faire mariner avec le jus des citrons et la coriandre ciselée pendant 1 heure ou plus au réfrigérateur. Sortir du réfrigérateur, ajouter le lait de coco, saler et poivrer.

2. Juste avant de servir, éplucher et émincer les oignons. Couper les radis en fines lamelles.

LE DRESSAGE

1. Dresser le poisson dans des assiettes ou des coupelles. Verser 1 cuillerée à soupe de marinade et ajouter les oignons et les radis.

2. Déposer 2 tomates cerise coupées en deux dans chaque assiette. Servir le lait de coco à part, dans une saucière.

POUR 4 PERSONNES – PRÉPARATION 20 MINUTES – CUISSON 30 MINUTES

CRABE FARCI

INGRÉDIENTS

400 g de chair de crabe
2 oignons
2 gousses d'ail
2 cuillerées à café de gingembre frais râpé
1 pointe de piment de Cayenne
20 cl de lait
4 tranches de pain rassis
1 citron vert
10 cl d'huile
Sel, poivre
4 coquilles Qaint-Jacques, pour la présentation (facultatif)

1. Faire tremper le pain dans le lait et laisser reposer à température ambiante.

2. Couper finement les oignons, hacher l'ail et les faire revenir dans une casserole dans de l'huile chaude. Ajouter la chair de crabe, le piment, le gingembre, saler et poivrer. Laisser cuire pendant 15 minutes à feu doux, en remuant régulièrement.

3. Égoutter le pain. Le presser légèrement entre les mains pour chasser l'excédent de lait avant de le mixer. Préchauffer le four en position gril.

4. Dans la casserole, lier la chair de crabe avec la mie de pain et une pointe de jus de citron, en remuant bien, jusqu'à l'obention d'une texture homogène. Mélanger. Laisser cuire 2 à 3 minutes.

5. Garnir les coquilles ou des petits plats individuels avec la farce obtenue et enfourner pour 10 minutes. Servir aussitôt.

New
LOW SUMMER FARES!
ROUND-TRIP EXCURSION
$42

POUR 20 CROQUETTES ENVIRON – PRÉPARATION 20 À 30 MINUTES – CUISSON 15 MINUTES

CROQUETTES DE POULET

INGRÉDIENTS

800 g de poulet cuit
(ou de restes de poulet)
500 g de chapelure
3 œufs
2 oignons
2 gousses d'ail
un peu de gingembre frais
Huile de friture
1 cuillerée à soupe de persil
Poivre

1. Hacher les oignons, l'ail et le persil. Dans une poêle, faire revenir les oignons dans un peu d'huile jusqu'à ce qu'ils deviennent tendres et translucides, réserver.

2. Hacher finement le poulet. Battre légèrement les œufs.

3. Dans un bol, mélanger le poulet, les œufs et la chapelure. Ajouter à la préparation les oignons sautés, l'ail, le poivre, une petite pincée de gingembre frais écrasé et le persil. Bien mélanger le tout.

4. Dans une poêle, faire chauffer 2 cuillerées à soupe d'huile à feu moyen. Façonner le mélange en croquettes et les faire frire dans l'huile bouillante. Lorsqu'elles sont bien dorées, les retirer du feu et les égoutter sur du papier absorbant. Servir chaud.

BROCHETTES DE SAINT-JACQUES

POUR 4 PERSONNES – PRÉPARATION 10 MINUTES – CUISSON 5 MINUTES – REPOS 30 MINUTES À 1 HEURE

16 noix de Saint-Jacques sans corail, 8 gambas moyennes, ½ poivron rouge, ½ poivron vert ½ oignon, 2 cuillerées à soupe d'huile d'olive, 2 cuillerées à soupe de jus de citron, sel, poivre

1. Préparer une marinade avec l'huile d'olive, le jus de citron, du sel et du poivre.

2. Arroser les gambas de marinade. Placer au frais entre 30 minutes et 1 heure.

3. Couper les poivrons et l'oignon en morceaux. Saler les noix de Saint-Jacques. Monter les brochettes en alternant saint-jacques, poivron, gambas, oignon. Poivrer.

4. Dans une poêle avec un peu d'huile, faire revenir les brochettes 4 à 5 minutes de chaque côté.

SAUCE COCO
SALSA DE COCO

POUR 4 PERSONNES – PRÉPARATION 15 MINUTES CUISSON 30 MINUTES

1 échalote, 40 cl de lait de coco, 25 cl de vin blanc, Huile d'olive, Gingembre moulu ou frais, 1 cuillerée à café de Maïzena®

1. Ciseler l'échalote et la faire revenir avec de l'huile d'olive et un peu de gingembre.

2. Déglacer avec le vin. Ajouter de l'eau à hauteur et laisser réduire à feu doux.

3. Ajouter le lait de coco, saler, poivrer. Lier avec la Maïzena® délayée avec un peu d'eau.

A Key of
TUESDAY, APRIL

POUR 4 PERSONNES – PRÉPARATION 15 MINUTES – CUISSON 40 MINUTES ENVIRON

PICADILLO A LA HABANERA

INGRÉDIENTS

500 g de bœuf haché
500 g de tomates concassées (sans la peau)
100 g de concentré de tomates
10 olives noires dénoyautées
1 pomme de terre
1 carotte
1 poivron vert
1 poivron rouge
2 oignons
2 gousses d'ail
Huile d'olive
25 cl de vin blanc
Thym
Gingembre moulu
1 feuille de laurier
Sel, poivre

1. Ciseler les oignons et hacher l'ail. Faire revenir les oignons dans une poêle avec de l'huile d'olive. Lorsqu'ils deviennent tendres, déglacer avec le vin.

2. Ajouter la viande, le thym et la feuille de laurier. Mélanger et laisser mijoter à feu doux, en remuant de temps en temps afin d'éviter que le mélange adhère.

3. Lorsque la viande commence à dorer, ajouter le concentré de tomates. Laisser cuire 5 minutes puis ajouter les tomates concassées.

4. Éplucher la carotte et la pomme de terre. Les couper en dés ainsi que les poivrons et les olives. Ajouter à la préparation et laisser mijoter jusqu'à ce que la carotte et la pomme de terre soient tendres.

5. Pour finir, ajouter l'ail, le gingembre et le poivre. Saler et laisser cuire encore 10 minutes. Servir avec du riz aux haricots noirs (voir page 62).

POUR 5 À 6 PERSONNES – PRÉPARATION 40 MINUTES – CUISSON 30 À 40 MINUTES

TRAVERS DE PORC AU MIEL

COSTILLAS DE PUERCO CARAMELISADAS EN MIEL

INGRÉDIENTS

1 kg de travers de porc
1 l de jus de gingembre (en bouteille si l'on en trouve, sinon 200 g de gingembre frais mixé avec de l'eau)
½ l de jus de citron vert (en bouteille si l'on en trouve, sinon 6 citrons verts pressés)
50 cl d'huile d'olive

LA SAUCE

150 g de miel + 2 cuillerrées à soupe
Poivre concassé
Thym
1 feuille de laurier
Quelques brins de ciboulette

LA MARINADE

1. Couper le travers en morceaux, les mettre dans un plat. Dans un bol, verser l'huile, les jus de gingembre et de citron vert.

2. Ajouter le miel et le poivre, saler. Bien mélanger le tout et y faire mariner la viande 1 heure.

LA CUISSON

1. Préchauffer le four à 180 °C. Recouvrir la plaque du four de papier d'aluminium.

2. Disposer les travers sur la grille du four au-dessus de la plaque afin d'en récupérer le jus.

3. Faire cuire 25 minutes, en retournant régulièrement la viande pour qu'elle grille de tous les côtés. Arroser de temps en temps avec la marinade.

LE MIEL D'ÉPICES

1. Récupérer et faire chauffer le jus de cuisson des travers de porc dans une petite casserole. Y ajouter du poivre, du thym, le laurier et la ciboulette.

2. Ajouter 2 cuillerées à soupe de miel. Faire réduire jusqu'à obtenir un effet caramélisé. Servir les travers de porc avec la sauce au miel et une purée de patates douces (voir page 64).

POUR 6 PERSONNES – PRÉPARATION 20 MINUTES
REPOS 30 MINUTES – CUISSON 15 MINUTES

BAR GRILLÉ

INGRÉDIENTS

6 bars entiers (200 g chacun)
½ bouquet de persil plat
1 cuillerée à s. d'huile d'olive
Gros sel, poivre
Ciboulette, graines de pavot

1. Mélanger le gros sel, le poivre et l'huile d'olive. Badigeonner le poisson d'une partie de ce mélange.

2. Hacher le persil et l'ajouter au mélange restant. En garnir l'intérieur du poisson. Laisser reposer au frais pendant 30 minutes environ.

3. Préchauffer le four à 200 °C. Huiler la grille et enfourner le poisson pour 15 minutes.

POUR 50 CL DE SAUCE – PRÉPARATION 10 MINUTES
REPOS 10 MINUTES

SAUCE CHIEN

SALSA CEBOLLAS

INGRÉDIENTS

1 tomate
1 bouquet de persil plat
10 cl d'huile
2 échalotes, 1 piment,
2 gousses d'ail, 3 citrons verts, Thym, Sel, poivre

1. Couper la tomate en petits dés. Hacher finement le persil, les échalotes, l'ail et le thym.

2. Mettre dans un bol et verser par-dessus un bol d'eau bouillante. Ajouter l'huile et le jus des citrons verts. Saler et poivrer. Ajouter le piment épépiné et haché. Laisser infuser 10 à 15 minutes.

3. Servir en retirant au préalable les pépins restants : plus il y a de pépins de piment dans la sauce, plus elle sera puissante. Cette sauce est une parfaite compagne pour tous les poissons.

POUR 4 PERSONNES – PRÉPARATION 10 MINUTES – CUISSON 10 MINUTES

STEAK DE REQUIN GRILLÉ

TIBURON ASADO

INGRÉDIENTS

4 steaks de requin
Poivre grossièrement moulu
Sel
Huile d'olive

1. Disposer le poisson dans un grand plat. Saupoudrer généreusement chaque côté de poivre. Taper les filets avec la main afin de bien faire adhérer le poivre à la chair. Les badigeonner ensuite d'huile et saler.

2. Préchauffer le four à 180 °C. Huiler la grille et y disposer les steaks. Enfourner et laisser cuire 5 à 6 minutes de chaque côté.

POUR 4 PERSONNES – PRÉPARATION 20 MINUTES
CUISSON 2 H 30

CONGRIS
RIZ AUX HARICOTS NOIRS

INGRÉDIENTS
1 tasse de haricots noirs
2 tasses de riz
2 oignons moyens
1 poivron vert
3 gousses d'ail
1 pincée de cumin
Sel, poivre

1. Mettre les haricots dans une casserole et les recouvrir d'eau. Couvrir et mettre à cuire pendant 2 heures.

2. Ciseler les oignons et couper le poivron en dés. Hacher finement l'ail.

3. Dans une autre casserole, faire revenir les oignons et le poivron. Ajouter les haricots cuits, l'ail et le cumin. Saler et poivrer.

4. Ajouter le bouillon de haricots et le riz préalablement lavé. Couvrir et porter à ébullition. Baisser ensuite le feu, remuer et laisser cuire 15 à 20 minutes, jusqu'à ce que le riz soit cuit.

POUR 4 PERSONNES – PRÉPARATION 15MINUTES
CUISSON 40 MINUTES

YUCA CON MOJO
MANIOC BOUILLI AU CITRON

INGRÉDIENTS

1 kg de manioc (épicerie exotique : chinoise, africaine…)
2 citrons
2 cuillerées à soupe d'huile d'olive
Sel, poivre

1. Éplucher les tubercules de manioc. Les couper en deux dans le sens de la longueur puis en morceaux grossiers.

2. Les mettre dans une casserole et couvrir d'eau. Saler. Ajouter l'huile d'olive et un peu de poivre puis porter à ébullition. Couvrir et laisser cuire à feu doux pendant 30 minutes environ.

3. Réduire le feu et ajouter le jus de citron. Porter à petite ébullition jusqu'à ce que le manioc soit moelleux. Servir chaud, avec du poisson par exemple.

POUR 4 PERSONNES – PRÉPARATION 5 MINUTES – CUISSON 20 MINUTES

RIZ VERT

INGRÉDIENTS
500 g de riz basmati
1 bouquet de persil plat
Huile d'olive
Sel

1. Porter une casserole d'eau à ébullition. Saler. Ajouter le riz faire cuire à feu doux. Couvrir et laisser mijoter 20 minutes ou jusqu'à ce que le riz soit cuit.

2. Mixer le persil en ajoutant un peu d'eau et 1 cuillerée à soupe d'huile d'olive. Ajouter le mélange au riz et bien remuer. Servir chaud, avec une viande ou un poisson.

POUR 4 À 6 PERSONNES – PRÉPARATION 10 MINUTES – CUISSON 30 MINUTES

PURÉE DE PATATES DOUCES

INGRÉDIENTS
1 kg de patates douces à chair blanche
100 g de beurre
20 cl de crème fraîche
20 cl de lait
Sel, poivre

1. Éplucher les patates douces et les couper en morceaux. Porter à ébullition une grande quantité d'eau. Y mettre les patates douces à cuire 20 minutes. Lorsqu'elles sont cuites, les égoutter dans une passoire.

2. Faire chauffer le lait avec la crème et le beurre. Écraser (ou passer au mixeur) les patates douces en y ajoutant le mélange au lait chaud. Saler et poivrer. Servir avec une viande ou un poisson.

POUR 4 PERSONNES – PRÉPARATION 15 MINUTES – CUISSON 10 MINUTES

CROUSTILLANT DE MARACUJA

LES FRUITS

4 fruits de la Passion
Quelques feuilles de menthe pour la déco

LES TUILES AUX AMANDES

2 blancs d'œuf
60 g de beurre
75 g de farine
125 g de sucre
60 g d'amandes effilées
1 cuillerée à soupe d'arôme vanille
1 pincée de sel

LA CHANTILLY

50 cl de crème fraîche liquide (très froide)
35 g de sucre glace
15 g de noix de coco râpée

LES TUILES

1. Dans une casserole, au bain-marie, faire fondre le beurre à feu très doux. Laisser refroidir.

2. Dans un saladier, mélanger la farine, le sucre et le sel. Incorporer délicatement le beurre fondu tout en fouettant, puis les blancs d'œuf et les amandes. Préchauffer le four à 220 °C.

3. Beurrer la plaque du four. À l'aide d'une petite cuillère, déposer les petits tas de pâte espacés de 4 cm environ. Étaler avec le dos de la cuillère afin d'obtenir des disques de 5 cm de diamètre environ. Enfourner pour 6 à 8 minutes jusqu'à ce que les rebords des tuiles dorent. Sortir du four et laisser refroidir.

LA CRÈME CHANTILLY

1. Pour la chantilly à la coco, ne sortir la crème fraîche du réfrigérateur qu'au moment de réaliser la chantilly.

2. Verser la crème dans un saladier et la monter à l'aide d'un robot ou avec un batteur électrique jusqu'à l'obtention d'une texture bien ferme.

3. Incorporer le sucre et la noix de coco, et réserver au frais.

LE DRESSAGE

1. Couper les fruits de la Passion en deux.

2. Au moment de servir, disposer une tuile dans une assiette. À l'aide d'une poche à douille, déposer une couche de chantilly sur la tuile et la recouvrir avec la pulpe de ½ fruit de la Passion.

3. Réitérer l'opération. Décorer avec une feuille de menthe.

POUR 4 PERSONNES – PRÉPARATION 25 MINUTES – CUISSON 35 MINUTES – REPOS 2 HEURES

NATILLA À LA CANNELLE

4 jaunes d'œuf
50 cl de lait
100 g de sucre en poudre
1 gousse de vanille
Cannelle moulue

1. Dans une casserole, chauffer le lait avec la gousse de vanille à feu moyen. À ébullition, retirer du feu et ôter la gousse de vanille.

2. Dans un saladier, fouetter les jaunes d'œuf et le sucre. Verser le lait délicatement, tout en remuant. Préchauffer le four à 180 °C.

3. Répartir la préparation dans des ramequins et les mettre dans un grand plat à gratin rempli d'eau. Les placer dans le four et laisser cuire au bain-marie 35 minutes.

4. Laisser reposer au réfrigérateur pendant 2 heures. Au moment de servir, saupoudrer les natillas de cannelle.

POUR 4 PERSONNES – PRÉPARATION 5 MINUTES – CUISSON 10 MINUTES

BANANES FLAMBÉES AU RHUM

4 bananes pas trop mûres
30 g de beurre
80 g de sucre en poudre
8 cl de rhum brun

1. Éplucher les bananes et les couper en deux dans le sens de la longueur.

2. Poêler les bananes dans le beurre 3 à 4 minutes de chaque côté à feu doux, jusqu'à ce qu'elles soient bien dorées.

3. Saupoudrer de sucre. Verser le rhum et porter à ébullition. Faire flamber.

4. Servir les bananes encore flambantes accompagnées d'une boule de glace à la vanille.

ERNESTO
MIA

REMERCIEMENTS

Didier Granger, propriétaire du restaurant HAVANITA CAFE
Claudine Granger, responsable administrative du restaurant HAVANITA CAFE
Yannis Mensah, directeur du restaurant HAVANITA CAFE
Carole Mensah, rédactrice
Kleilla Pazos Castro, consultante bar
Et toute l'équipe du restaurant HAVANITA CAFE, 11-15 rue de Lappe, 75011 Paris

SHOPPING

Variopinte
www.variopinte.com

CRÉDITS PHOTOGRAPHIQUES

© Getty-image
page de garde avant James Ryce, p.2 Paul Piebinga, p.6 Charlene Collins, p.10 Ira Heuvelman-Dobrolyubova, p.13 Buena Vista Image, p.20 Aaron Mccoy, p.24 Roger Humbert, p.27 Tonn Souter, p.28 Bruno Morandi, p.46 Lee Frost, p.60 Jeremy Woodhouse, p.70 Ballyscanlon, page de garde arrière Ellen Rooney.
© Shutterstock
p.32 Roxana Gonzalez, p.44 Kamira

© Hachette Livre (Marabout) 2012

43, quai de Grenelle, 75905 Paris Cedex 15
4118089
ISBN : 978-2-501-07752-1
Dépôt légal : octobre 2012
Achevé d'imprimer en juillet 2012 chez Graficas Estella

¡Viva
CU